SGYMRAEG

SGYMRAEG

Meleri Wyn James (gol.)

**Gyda chyflwyniad a jôcs gan
Euron Griffith, awdur *Dyn Pob Un***

Argraffiad cyntaf: 2011
© Hawlfraint y Lolfa Cyf., 2011

*Mae hawlfraint ar gynnwys y llyfr hwn ac mae'n anghyfreithlon i
atgynhyrchu unrhyw ran ohono trwy unrhyw ddull ac at unrhyw bwrpas (ar
wahân i adolygu) heb ganiatâd ysgrifenedig y cyhoeddwyr ymlaen llaw*

Gwnaed pob ymdrech i ganfod deiliaid hawlfraint y lluniau yn y gyfrol hon,
a dylid cysylltu â'r cyhoeddwyr ag unrhyw ymholiadau

Dymuna'r cyhoeddwyr gydnabod cymorth ariannol
Cyngor Llyfrau Cymru

Clawr: Y Lolfa

Rhif Llyfr Rhyngwladol:
978 1 84771 399 5

Cyhoeddwyd, argraffwyd a rhwymwyd yng Nghymru
gan Y Lolfa Cyf., Talybont, Ceredigion SY24 5HE
e-bost ylolfa@ylolfa.com
gwefan www.ylolfa.com
ffôn (01970) 832 304
ffacs 832 782

Ac yn Saesneg, diolch i wasanaeth cyfieithu ar-lein:

Impression firstly: 2011
© Copyright the Lounge cyf., 2011

*Mae copyright signs contain the book this and he ' is being heartburn
unlawful I reproduce any he shares from through any form and to any
purpose (separately I review) without leave written the publishers on llaw*

One did each he wrestles I see tenants copyright the forms crookedly
the volume this, I go one should connect Ŵ¢â€™r publishers with any
inquiries

Dymuna'r publishers acknowledge aid ariannol
Cyngor Books Cymru

Cover: The Lounge

Rhif Book International: 978 1 84771 399 5

Cyhoeddwyd, one printed I go one bound in Nghymru
gan The Lounge Cyf., Talybont Ceredigion SY24 5HE
e-boast thelounge@thelounge.com
gwefan www.thelounge.com
ffôn (01970) 832 304
ffacs 832 782

RHAGAIR

Camsillafu neu gamgyfieithu doniol? Amarch llwyr at y Gymraeg?

Mae sawl ffordd o ymateb i'r arwyddion niferus sy'n codi gwên neu'n gwneud i ni ryfeddu neu wingo, a does dim pen draw i'r esiamplau sy'n cael eu hanfon at *Golwg* yn wythnosol er mwyn eu cynnwys yng ngholofn Jac Codi Baw.

Roedden nhw wedi hen ennill eu plwyf cyn i mi ddechrau gweithio fel golygydd y cylchgrawn yn 2008 a dyw Marc Jones, a oedd yn y swydd o'm blaen i, ddim yn siŵr iawn chwaith sut y daeth y Sgymraeg yn nodwedd amlwg o'r cylchgrawn.

Roedd y lluniau eisoes yn cyrraedd dros e-bost ac yn ymddangos ar ambell wefan Gymraeg. Ond roedd penderfyniad Marc i greu'r golofn ddychanol Jac Codi Baw yn cynnig cartref addas i'r gwallau cyhoeddus.

Ac yno y gwelwyd yr enghreifftiau 'Rhybudd – Gweithwyr yn ffrwydro' a 'Cyclists Dismount – Llid y bledren dymchwelyd', neu'r arwydd oedd yn tynnu sylw at benwythnos arbennig i ddathlu adar drycin, 'Shear

Madness', a gafodd ei droi'n ddigwyddiad gwahanol iawn yn Gymraeg, sef 'Cneifio Gwallgof'.

Mae ambell un wedi cael sylw ar raglenni newyddion a hyd yn oed y tu hwnt i Gymru. Yn achos un Sgymraeg, daeth ceisiadau am wybodaeth o bapurau Llundain, y *News at Ten* a'r rhaglen ddychanol *Have I Got News For You*. Mae'n bosib mai hwn yw'r Sgymraeg enwocaf hyd yn hyn wrth i arwydd ffordd gael ei godi er nad oedd y cyfieithydd ar gael i roi fersiwn Cymraeg ohono!

**No entry for heavy goods vehicles.
Residential site only**

**Nid wyf yn y swyddfa ar hyn o bryd.
Anfonwch unrhyw waith i'w gyfieithu**

Sut yn y byd allai'r fath beth ddigwydd? Mae'n anodd credu y byddai unrhyw arwydd yn cael ei godi heb i rywun gadarnhau ei fod yn gywir ac yn gwneud synnwyr. Ond mae'n dal i ddigwydd ac mae'r peiriannau cyfieithu wedi sicrhau esiamplau di-ri o gyfieithu erchyll a geiriau digyswllt yn un rhes annealladwy.

Weithiau mae angen bod yn drugarog pan fydd unigolyn yn gwneud ymdrech arbennig – ond aflwyddiannus – i ddefnyddio'r Gymraeg. Mae'n llawer anoddach maddau pan fydd cyrff cyhoeddus yn difrïo'r Gymraeg trwy anwybodaeth neu fethiant i'w thrin â pharch.

Ond, er bod ochr ddifrifol i'r gwallau sy'n gallu gwneud nonsens o'r Gymraeg ac o gyfieithu, mae'n dda eu cael er mwyn codi gwên, cael pwnc trafod a hyd yn oed weithiau i lenwi colofn mewn cylchgrawn!

Felly wrth edrych ymlaen at chwerthin wrth fynd drwy'r casgliad hwn, cofiwch gadw golwg am y Sgymraegs diweddaraf yn eich ardal chi, tynnwch eu lluniau ac anfonwch nhw at jcb@golwg.com

Siân Sutton
Golygydd *Golwg*
Tachwedd 2011

CYFLWYNIAD

"Oh Euron," meddai Wendy wrthyf un diwrnod yn y siop gig, "you'd be delighted with our Beatrice, she's doing so well with her Welsh at school – you should hear her... she's virtually fluent!"

Wel, yn naturiol, braf iawn oedd clywed bod merch ifanc ddeuddeg oed fel Beatrice, o deulu cwbl ddi-Gymraeg, wedi meistroli'r heniaith ac felly, y tro nesaf i mi fynd yno, dyma ddigwydd gofyn i'r ferch ddweud rhywbeth wrtha i yn Gymraeg. Sylwais fod Beatrice, am ryw reswm, wedi mynd yn eithaf swil, ac wedyn dyma ei hwyneb yn troi'n biws.

"Come on, Beatrice," meddai Wendy gan wenu mewn embaras a'i phwnio, "don't be shy, say something in Welsh."

"Oh... OK," meddai Beatrice gydag ochenaid ddofn o brotest.

Ac i ffwrdd â hi.

"Lllw lla lli lla llyngor llinci llw acha lla ddana ddi llwci llo," meddai.

"Sori?" meddwn i ar ôl eiliad neu ddwy.

"Lllw lla lli lla llyngor llinci llw acha lla ddana ddi llwci llo," meddai Beatrice eto gan ddechrau chwerthin.

"Well?" meddai Wendy gan wenu arna i (ac yn amlwg heb ddeall pam roedd ei merch yn cael cymaint o hwyl), "What do you think? Amazing isn't it?"

"Yes," meddwn i. "Anhygoel."

Wendy druan. Iddi hi roedd y rwtsh roedd Beatrice yn ei siarad o gwmpas y tŷ yn **swnio** fel Cymraeg felly mae'n rhaid mai Cymraeg **oedd** o. A dyna'r broblem efo ieithoedd – os nad ydych chi'n eu deall nhw dydyn nhw ddim yn gwneud synnwyr o unrhyw fath.

Mae Cymru yn llawn o 'Wendys'. Ac, wrth gwrs, mae'r rhan fwyaf o'r 'Wendys' yma, reit siŵr, yn ddiniwed ac yn barod iawn i barchu'r iaith Gymraeg a'i chefnogi ond – yn anffodus – dydi'r rhan helaeth ohonynt ddim wedi ei pharchu hi ddigon i **eistedd lawr a'i dysgu hi go iawn**. O diar. Fe fyddai hyn yn osgoi lot o drafferth. Pe byddai'r 'Wendys' yma wedi mynychu cwrs nos am ychydig fisoedd fydden nhw ddim wedi gorfod dibynnu ar eu fersiwn nhw o 'Beatrice' (sef Jason, Gradd C mewn Cymraeg Ail-Iaith o Photocopy Maintenance – neu, yn Gymraeg, 'Swyddfa Nadroedd mewn Hufen Iâ Ffyrnig') i drosi eu harwyddion. Ac fe fydden nhw siŵr Dduw o fod wedi sylwi nad ydi 'Rhaid Peidio Stwffio Buwch Mewn Ffrij rhag Rhoi Poen i Eliffantod' yn golygu 'Road Unsuitable for Heavy Vehicles'.

Ond eto, 'look on the bright side' (neu, yn ôl Jason – 'Os Gwelwch Yn Dda Glanhewch Eich Arth Cyn Dod i'r Festri'), pe byddai'r holl 'Wendys' yma wedi treulio pum munud yn sicrhau bod pethau'n iawn go brin y bydden ni'n cael cymaint o hwyl efo'r holl Sgymraegs yma.

Do wir, rydyn ni wedi chwerthin a chwerthin…

… trwy ein dagrau.

'Enjoy!'

(Neu, yn ôl Jason – 'Llyffantod Trôns!')

Euron Griffith

Tachwedd 2011

Croeso
Welcome
Tn agored
Open

Llun - Gwe 6am - Hanner nos
Mon to Sat 6am - Midnight
Sul 10am - 4pm, Sun 10am - 4pm

Hei, tyrd 'mlaen. Gallai 'tn' fod yn waeth. **Lot** gwaeth.

CODIAD !
GWAITH DUR

RAISED
IRONWORKS

Codiad? Gwaith Dur?? Ie, wel,
beth bynnag sy'n eich cyffroi mae'n siŵr.

wyddfa Docynnau, Maes Parcio, Siop,
Toiledau, Siop y Fferm,
Ardal Chwarae, Byrddau Picnic, Lluniaeth

Ticket Office, Car Park, Gift Shop,
Toilets, Farm Shop,
Play Area, Picnic Areas, Refreshments

Wel, ymdrech fawr gan Gastell y Waun –
symud yr Wyddfa a chwbwl.

TOCYNNAU DYDDIOL I'R EISTEDDFOD
EISTEDDFOD DAY TICKETS

Oedolion   £9.50
Adults

Pensiynwyr   £8.00
Pensioners

Plant/Myfywyr da 21 oed a'r di-waith £6.00
Children, students under 21
and the unemployed

Faint mae'n gostio i blant drwg 'ta?
Gwell gofyn ym Maes B.

Dwi ddim yn gwybod amdanoch chi ond dwi ddim
yn ffansïo 'cwm poeth' rywsut.

Cangen Abergele

Na yn mygu

Dydy erbyn 'r chyfraith at fyga
i mewm hyn premises

Barclays Bank PLC

Beth sydd waethaf, sgwn i, y cyfieithiad
neu'r ffaith bod pobol Abergele yn
hoffi plannu gwaywffyn drwy eu cŵn?

FIRE EXIT ONLY
DOOR ALARMED
ALLAMFA DAM YNUMI
LARWM AR Y DRWS

Cyfieithiad a wnaed dros y ffôn, mae'n siŵr. Ar linell wael. Efo rywun oedd ddim yn siarad Cymraeg.

"Ydych chi'n gweithio fel cyfieithydd yn Sir Conwy?"
"Eiwnaf."
"Grêt. Dyma'ch job nesaf chi."

Byddwn i'n argymell i chi beidio
â sefyll yn llonydd fan hyn yn rhy hir.

Ah, *lingerie*… Sori. Ble o'n i?

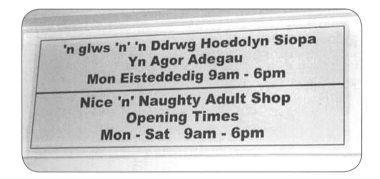

Yn rhyfedd iawn mae'r fersiwn Gymraeg yn anagram o 'Gweithiau llawn Kate Roberts ar gael yma'.

ABERYSTWYTH

- Mid Terrace Town Property
- Guest House / Investment
- Sex Bedroom Accommodation
- Vacant Possession

£350,000

Hysbyseb ar gyfer
'rhyw' dŷ yn Aberystwyth.

No entry for heavy
goods vehicles.
Residential site only

←

Nid wyf yn y swyddfa
ar hyn o bryd. Anfonwch
unrhyw waith i'w gyfieithu.

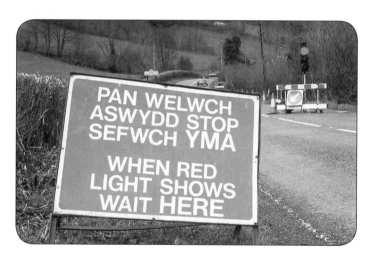

PAN WELWCH
ASWYDD STOP
SEFWCH YMA

WHEN RED
LIGHT SHOWS
WAIT HERE

Does neb wedi stopio eto.

Canolfan Hamdden
Abergele Leisure Centre

Free Sports Available

TEMPIAU DYDD GWYCH A GWEITHGAREDIAU DYDDIAU YR HAF

FANTASTIC DAY TRIPS & DAY ACTIVITIES

THIS SUMMER

• **Free Sports Available**	• **Chwaraeon amm ddim ar gael**
• **Football**	• **Pel droed**
• **Golf**	• **Golf hwyl**
• **Short Tennis**	• **Tennis Byr**
• **Rugby**	• **Rygbi**
• **Cricket**	• **Criced**
• **Trampolining**	• **Trampolinio**
• **Basketball**	• **Pel Fasged**
• **Netball**	• **Pel Rhwyd**
• **Multi Sports**	• **Chwaraeon Amrywiol**

All Free Sports Open to ages 5-15 yrs	Chwaraeon Am Ddim Agored i blant 5-15
All day trips and Girlie days and Sports Camps 8-14 yrs	Tripiau Dydd "Girl Days" a Gwersyd chwaraeon plant 8-14
For more information contact the Leisure Centre	Am Mwy o wybodaeth Cysylltwch A'r Ganolfan
01745 833988	Hamdden **01745 833988**

WEITHIAU UN DYDD GWYCHIA GWEITH CAREDDAU DYDD YR HAF HWN /
FANTASTIC DAY TRIPS & DAY ACTIVITIES THIS SUMMER

MER / WED 23 GORFFENNAF / JULY
"CROCKY TRAIL" 9.30am- 4.00pm £20.00

MER / WED 30 GORFFENNAF / JULY
"CAMELOT THEME PARK" 8.00am - 6.00pm £28.00

MER / WED 6 AWST / AUGUST
HWYL A FFITRWYDD A SESIWN SBA
AR GYFER GENETHOD /
GIRLS FUN & FITNESS & SPA TREATMENT 10.00am - 3.00pm £7.00

MER / WED 13 AWST / AUGUST
"waterworld"8.00am - 6.00pm £28.00

MER / WED 27 AWST / AUGUST
TAITH O AMGYLCH CLYBIAU PEL-DROED
LERPWL AC EVERTON
TOUR OF LIVERPOOL AND EVERTON F.C
9.00am - 4.30pm £25.00

MAE WYTHNOS 5 Y GWYLIAU YN CYNNWYS GWERSYLL CHWARAEON MAE 5 DIWRNOD
CHWARAEON UNIGOL SEF NOFIO, RYGBI, PEL-DROED, CODI HWYL A PHEL-RWYD CYNHELIR
Y RHAIN RHWNG 9.00 A 3.00 BOB DYDD A'R GOST FYDD £7.00 Y DIWRNOD £12.00 AM
2 DDIWRNOD A £30.00 AR GYFER Y 5 DIWRNOD MANYLION AR GAEL YN Y DDERBYNFA
ON WEEK 5 OF THE HOLIDAYS IS SPORTS CAMP THERE ARE 5 INDIVIDUAL SPORTS DAYS WHICH
WILL BE SWIMMING, RUGBY, FOOTBALL, CHEER-LEADING AND NETBALL THEY WILL BE
FROM 9.00- 3.00 EVERYDAY AND COST £7.00 PER DAY £12.00
FOR 2 DAYS AND £30.00 FOR ALL 5 DAYS ASK AT RECEPTION FOR DETAILS

Sori, ond y peth cyntaf wnaeth fy nharo i oedd *girlie days*. *Girlie days*??!

CONWY
CYNGOR BWRDEISTREF SIROL
COUNTY BOROUGH COUNCIL

LLITHRFA RHOS
MAE'R LLITHRFA HON I'W
DEFNYDDIO GAN LESTRI NAD
YDYNT YN GERBYDAU DWR PERSONOL.
RHAID I GERBYDAU DWR PERSONOL
DDEFNYDDIO LLITHRFA'R PIER.

AWDURDOD YR HARBWR

RHOS SLIPWAY
THIS SLIPWAY IS TO BE USED BY
VESSELS OTHER THAN
PERSONAL WATERCRAFT.
PERSONAL WATER CRAFT USE
THE PIER SLIPWAY.

HARBOUR AUTHORITIES

'Llestri' ie? Mmm… handi os ydych chi am hwylio i'r
Isle of Man… mewn padell ffrio.

ALL VISITORS AND DRIVERS MUST REPORT TO SITE MANAGERS OFFICE
PAWB GYRIEDYDDION A HYMWELWYR MUST ADRODDIAD AT SAFLE MANAGERS SWYDD

YOU ARE NOW ENTERING A **Pettifer** SAFETY ZONE
ACH AWRON YN COFNODI A Construction DDIDDOSRWYDD GWREGYS

PLEASE KEEP IT THAT WAY
BLESIO CADW 'I A FFORDD

No smoking. No eating.
No drinking.
Na yn mygu. Na yn yfed.
Na yn bwyta.

Building sites are dangerous, please keep children away
Yn adeiladu safleoedd ydy 'n beryglus, please cadw blant ar gerdded

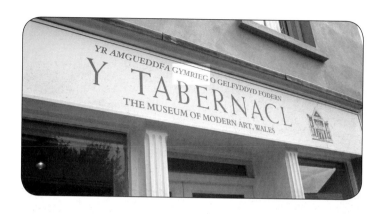

"Ie?"
"Nage, mae arna i ofn…"

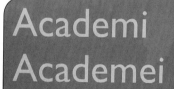

Academi
Academei

Tel: (01446) 734764

The Glamorgan Suite
Restaurant

Ystafell Fwyta Morgannwg
Tel: (01446) 742365

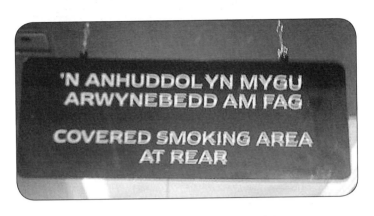

Dwi'n cofio cael llythrennau fel'na
yn y gêm Scrabble unwaith.

Parcio wedi mynd yn ddrud yn ddiweddar on'd dydi?

Parcio'ch Ceir

Er ein bod yn cymryd pob gofal i ddiogel'ch car a'cg eiddo ymddiheurwn nad ydym yn derbyn cyfrifoldeb amdanynt

Car parking

Although we take every care to protect your car and belongings we regret that we cannot take responsibility for them

Os rhowch chi bump tsimpansî mewn ystafell efo pump teipiadur, ar ôl 500 mlynedd, yn ôl pob sôn, fe wnân nhw sgrifennu *Hamlet*. Ar ôl pum munud fe wnân nhw sgrifennu arwydd yn esbonio sut i barcio'ch car yn Gymraeg.

Rhybudd Caution

Dim Eistedd Neu Sefyll Ar Y Silff. Diferyn Llym Yn Arwain I Tyrfa Bws.

No Sitting Or Standing On The Ledge. Severe Drop On To Bus Concourse

Annwyl! Dwi ddim yn debygol o eistedd ar y silff os ydi hynny'n mynd i ddigwydd! Poenus iawn…

FE FYDD GWAITH ARWISGO'R FFORDD
YN CYCHWYN YN Y DYFODOL AGOS
SURFACE DRESSING WORKS WILL
BE CARRIED OUT HERE SHORTLY

Ffôn/Tel: contractors number / 01248 36 39 99
24awr 01248 723062 24hr

Dewi ...lands B.Sc., M.Sc., D.M.S., C.Eng., M.I.C.E., M.I.H.T.
Cyf.......enrathol - Priffyrdd, Trafnidiaeth ac Eiddo
Cou......... ....ghways, Transportation and Property

Rwy'n siŵr fod pawb
wedi cael eu 'sŷn-u' gan hyn.

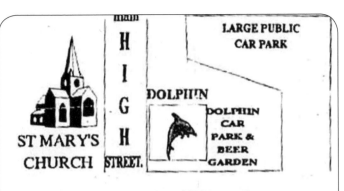

CLAYTON ROAD

WELCOME TO MOLD
IF YOUR LOOKING FOR ENTERTAINMENT FOOD OR
ACCOMMODATION YOU WILL ALWAYS BE SURE OF A
WARM WELCOME AT THE DOLPHIN INN & HOTEL
01352 705010

CHROESAWA AT LLWYDL FLINTSHIRE. AI 'CH YN CHWILIO
ADLONIANT BORTHIANT AI LE EWYLLYSI BEUNYDD BOD
'N DDIRALL CHAN A CHYNHESA CHROESAWA AM 'R
DOLPHIN DAFARN & GWESTY 01352 705010

4th to 11th August we are open every day from 8am until late

4th at 11th Awst jm agor ddiwedydd chan 8am dan 'n ddiweddar

Neu, fel maen nhw'n dweud yn 'Llwydl' –
"Eliffant pydredig tu mewn i farel bisgedi a
thwll mwnci heno am saith."
O. A '*you're*' sy'n gywir hefyd.

Dydi'r Gymraeg ddim yn rhy
'Lach' yma mae'n amlwg.

WE CHECK THESE FACILITIES ON A REGULAR BASIS.
IF YOU FEEL FURTHER ATTENTION IS REQUIRED
PLEASE CONTAC A MEMBER OF STAFF.
TH NK YOU.

RYDYMYN CADW GOLWG ARY CYERAU HYNYN RHEOLAIDD.
OS CREDWCH CHI FOD ANGEN RHAGOR O SYLW
CYSYLLTWCH AG AELOD O STAFF. DIOLCH.

Wel, mae'n rhaid cadw'ch copi
o *Golwg* yn rhywle on'd does?

Rybish!

Wel, o leiaf mae'r llall yn gywir.
Mae modd 'adeildu' ar hynny.

O, tyrd 'mlaen – or yc's sêc!

To bach. Ond neb adref.

HWN SWYDDFA CAEAD DYDD MAWRTH A
DYDD MERCHER.

AM CYMORTH, BODDHAU GALW
01745 538200.

"Helô, ga i siarad â Mr Jones boddhau?"

O'r diwedd! Rhywle i gadw fy welingtons!!

Digon hawdd gweld ei bod hi'n wyntog yno.
Mae'r arwydd yn gam.

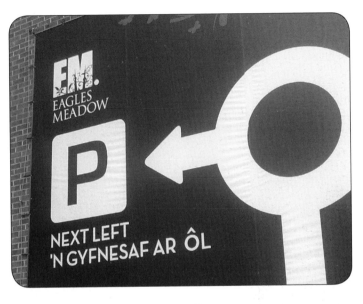

Does 'na'm llawer o
siaradwyr Cymraeg yn parcio yma.

Ochenaid ddofn rŵan. Caewch eich llygaid.
Dyna fo. 'Ymollwngwch'.
GWATSIWCH LLE 'DYCH CHI'N MYND!

Brysiwch. Bydd y 'fford'
wedi mynd erbyn bore Gwener.

Fues i erioed yn un da iawn efo anagrams.

W.T.C
WREXHAM TRADES COUNCIL

Undebau Llafur Cyngor ar gyfer Wrecsam

Gysylltiedig â TUC Cymru

Os ydych yn dymuno Affiliate fel aelod i Wrecsam Cyngor Undebau Llafur yna cysylltwch naill ai ewch i'r dudalen grwp Facebook neu e-bost ar y cyfeiriad isod am fanylion: wrexhamtuc@yahoo.co.uk

'Daethant yn gyntaf ar gyfer yr Iddewon, ac ni chodais fy llais gan nad oeddwn yn Iddew.

Yna daethant i communists ac ni chodais fy llais gan nad oeddwn yn gomiwnyddol!

Yna daethant i undebwyr llafur, ac ni chodais fy llais gan nad oeddwn yn undebwr llafur!

Yna daethant i mi, ac nid oedd neb ar ôl i siarad am 'm !!!!!!!!!!!!!!!!'

Pastor Martin Niemöller (1892-1984)

Cadwch **WRECSAM** rhad ac am ddim o'r BNP a pellaf ar y dde!

GOBEITHIO na ATGASEDD!

CYNGOR UNDEBAU LLAFUR YN WRECSAM

Wrecsam Cyngor Undebau Llafur wedi gwneud yn siwr ers ei sefydlu i fod yn democrataidd y cyngor yn seiliedig ar egwyddorion tegwch, democratiaeth a chyflawnde cymdeithasol. Mae'n hynod falch o gael dim gwleidyddol ac yn ymdrechu i sicrhau bod y materion cymdeithasol ac economaidd 'sy'n wynebu aelodau Undeb Wrecsam yw ei unig ffocws. Dyma pam rydym yn eydnabod y bygythiad a berir gan gyrff megis y Blaid Genedlaethol Prydain a sefydliadau eraill megis Amddiffyn Saesneg Cynghrair.

UNDEBAU LLAFUR

Mae Wrecsam Undeb Llafur cynrychiolwyr y Cyngor yn dod o bob agwedd ar economi Wrecsam. Gysylltiadau o'r Undeb mwyaf yn cynnwys Unite the Union, NUT, PCS i enwi ond ychydig. Rydym i gyd yn cydnabod y pwysigrwydd o Undeb cydnabyddedig yn y gweithle ac yn annog aelodau o'r cyhoedd i chwilio am a thrafod gydag unrhyw Undeb, materion sy'n effeithio arnynt yn uniongyrchol yn y gweithle. Byddwch yn cael eich synnu yn y ffordd hawdd yw hi i ymuno â Undeb ac mae ganddynt gymorth a chefnogaeth mewn unrhyw faterion byddwch yn eu hwynebu.

PAM NI ALLWN NI CANIATAU BNP I SICRHAU CEFNOGAETH

Grwpiau fel y BNP, Genedlaethol blaen, Saesneg Defence League a grwpiau eraill pellaf ar y dde bai mewnfudwyr, Mwslimiaid a hyd yn oed Undebau Llafur ar gyfer unrhyw beth a fydd yn cael eu penawdau tudalen flaen. Ffeithiau syml yw bod llawer o ardaloedd, gan gynnwys Wrecsam PEIDIWCH Â dioddef o rampant mewnfudo.

Bydd y BNP a grwpiau cysylltiedig eraill ydych chi wedi credu bod mewnfudwyr, ceiswyr lloches a theithwyr hyd yn oed yn cael eu ddinistrio'r 'British Hunaniaeth'. Beth bynnag, mae'n ffaith eu bod yn cyfrannu symiau un swm yn union daliadau treth ac yswiriant gwladol nag maent yn ei dderbyn mewn budd-daliadau a gwasanaethau cyhoeddus.

NAD YDYNT YN CAEL EU TWYLLO

Nid yw'r BNP wedi derbyn gofal am Wrecsam, neu ei phobl. Beth bynnag, maent yn ei ddweud a gwneud beth bynnag y mae'n cymryd er mwyn iddynt ennill nid seddi, oherwydd polisi, ond oherwydd eu bod wedi instilled neges casineb o fewn cymunedau. Mae'r BNP wedi dangos bod gan y gweithredwyr llwybrau glaswellt ac aelodau parti hyd at Arweinydd y blaid, Nick Griffin bod y parti cyfan yn sefyll am casineb. Nid argyhoeddedig, gofynnwch unrhyw gefnogwyr BNP os ydynt yn credu yn yr Holocost a'u teimladau o Hitler drefn.

YN UNION FEL HITLER, BYDD NICK GRIFFIN YN DEFNYDDIO YNNI YN GWLEIDYDDOL I LEIAFRIFOEDD , I MALU HOLL DDINISTRIO GWRTHWYNEBIAD A DILEU DEMOCRATAIDD RHYDDFREINTIAU

FASCITS YN HYBU ATGASEDD HOPE

Amseroedd Problemau o gyflog isel a pensiynau, diswyddo, tai, cau swyddfa bost, aros ysbytai a cynhesu byd-eang yn effeithio ar bob un ohonom, a ydym yn ddu neu wyn, Cymraeg neu Pwyleg, Moslemaidd neu Cristnogol.

PEIDIWCH â GADEL I'R DISEMMEATE BNP BELLACH ADRAN A ATGASEDD YN WRECSAM COMMUNITYS. LET'S YN HYTRACH NA DATRYS YR HOLL MATERION EIN YNGHYD.

Y tu ôl **WRECSAM** llafur yn sefyll yn gadarn Y CYNGOR MOTO ...

Unedig yr ydym yn sefyll
Wedi'l rannu yn disgyn

Produced, promoted and printed by Wrexham Trades Council 2010

Dyma beth sy'n digwydd pan 'dych chi'n pwyso *'translate'* ar Google.

> Thank You For Your Custom
> Ddiolch 'ch achos 'ch arfer

Wel, o leiaf mae o'n **edrych** yn neis.

> End Control Desk
> Darfod Llywodraeth Desg

Esiampl brin o arwydd sydd ddim yn gwneud
synnwyr yn Saesneg chwaith!

Chmroeso.

Welsh txts – LOL!

Heading to Cardiff soon and keen to speak the local lingo – or at least text it? In honour of the UK's first Welsh language predictive-text messaging phone (courtesy of Samsung and Orange), we bring you the top 10 most popular text abbreviations – and their Welsh translations!

> ❷ LOL (laugh out loud) = CiMnF (*chwardd i maes 'n fan*)
> ❷ BrB (be right back) = GLL (*gyda llaw*)
> ❷ M8 (mate) = C (*chychwior*)
> ❷ WTF (what the f***) = BrF (*beth 'r f***'*)
> ❷ OMG (oh my God) = OMDD (*o 'm dduw*)
> ❷ LMAO (laugh my ass off) = CmAO (*chwardd 'm asen Off*)
> ❷ TVM (thanks very much) = DDIL (*ddiolch iawn lawer*)
> ❷ TMI (too much information) = GG (*gormod gwybodaeth*)
> ❷ BFF (best friends forever) = ECF (*enilla ceraint forever*)
> ❷ BYOB (bring your own beer) = CCHAB (*chyrch 'ch addef bir*)

(INFO PROVIDED BY RIGHTMOBILEPHONE.CO.UK, THE UK'S BIGGEST MOBILE PHONE COMPARISON SITE.) →

Sgrifennwch atynt.

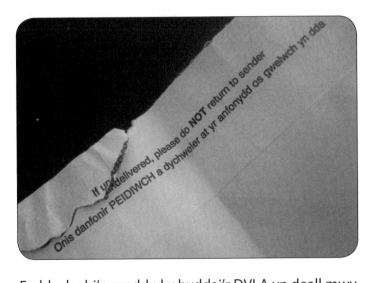

If undelivered, please do **NOT** return to sender
Onis danfonir PEIDIWCH a dychweler at yr anfonydd os gwelwch yn dda

Fyddech chi'n meddwl y byddai'r DVLA yn deall mwy
ar y busnes **gyrru** yma, on'd byddech?

Gwallau. Sori. 'Gwylliau'.

Môr anghywir.

NI CHANIATEIR CŴN
AR Y RHYN YMA
O'R TRAETH

PARENT & TODDLER
RHEMI A
PHILANT BACH

Y FFORDD HON WEDI CAU
17:00 - 22:00 DYDD 19
JUNE AR GYFER
ABERYSTWYTH CYCLE RACE
THIS ROAD WILL BE CLOSED
17:00 - 22:00
SATURDAY 19th JUNE FOR
ABERYSTWYTH CYCLE RACE

TAFARN SAFF

*Bydd unrhyw berson
sy'n cyflawni trosedd
Yn yr adeilad hwn,
yn cail ei wahardd*

WINES AND SPIRITS

GWINOEDD AC YSBRYDION

Mae'r prisiau yn rhesymol iawn.
Does dim rhaid poeni am y 'ghost'.

WET PAINT!

PEINT GWLYB!

Oes yna fath arall?

Anodd cyfieithu CCTV on'd dydi?
Ac i Steelforce Group (UK) Ltd?
Bob dim arall hefyd, mae'n amlwg.

Ha, ha, ha.
Neu, fel maen nhw'n ei ddweud yng Nghlwyd, 'a, a, a'.

..., DIEITHRYN

FFONIWCH 999

Os ydych yn gweld unrhyw beth amheus,
ffoniwch AR UNWAITH.

10. PEIDIWCH Â GADAEL I
SLEIFIWR DDIFETHA EICH
YTHNOS!

Mwynhewch eich wythnos trwy gymryd
camau syml i atal trosedd.

Does ryfedd fod llai o blismyn ar y bît.

Aredig

y broses cyntaf. Tan ddiwedd y 19eg ganrif, yr erydr pren a
tynnu gan dimau o ych. Trwm bullocks du Cymraeg
redig a ploughman da dywedwyd ei fod wedi bod yn
i erw o dir bob dydd.

dal yn cael eu defnyddio ar Gŵyr tan tua 1900, y rhan fwyaf
golau a luniwyd gan bâr o geffylau, yn seiliedig ar yr aradr
bwysiadwyd y cynllun newydd hwn ac adeiledig offer tebyg,
wd yn 1939 Gŵyr cyn eu cynhyrchu gan gynhyrchwy

Am lwyth o *'bullocks'*.

BLUE BADGE HOLDERS PARK FOR FREE

GLAS BATHODYN HOLDERS BARC ACHOS RHYDDHA

PLEASE ENSURE YOU DISPLAY YOUR BADGE CLEARLY ON THE

DASHBOARD

BLESIO CADARNHA ARDDANGOSI'CH BATHODYN'N

AMLWG ACHA'R DASHBOARD

Park Services / Gwasanaethau Parciau 02920 873981

Arall enghraifft teipiadur
tsimpansî munud ystafell pum.

AM 'CH ADDEF BERYG

Sylwa ydy hearby anrhegedig a na liability chymerir at Berchenogion achos unrhyw abwth ai anelw cynaliedig fel canlyniad chan yn gwyro chan 'r chyhoedd droetffordd

AT YOUR OWN RISK

Notice is hereby given that no liability will be accepted by the owners for any injury or loss sustained as a result of deviating from the public footpath

Ac un arall!

Fire notice

In case of a fire

If you discover a fire

Sound the alarm by operating the nearest fire point

On hearing the alarm

Rouse the others in the room
Leave premises by the nearest available route and assemble

OUTSIDE THE FRONT DOOR

Close all doors
Do not use lifts
Do not stop to collect belongings
Do not rush– Act calmly

Danio sylwa.

I mewn chyflwr chan danio.

Ai canfyddi dân ,

Blymio 'r ddychryna at yn gweithredu 'r 'n gyfnesaf danio atal-noda.

Acha yn clywed 'r danio ddychryna ,

Ddeffro 'r others i mewn 'r hystafell.
Ad premises at t e 'n gyfnesaf avalible route a chynnull.

Y TU ALLAN I 'R GWYNEBU BORTH.

Caea pawb byrth.
Gwna mo arfer hybiau.
Gwna mo arhosa at casgl meddiannau.
Gwna mo rhuthra - actia 'n dawel.

Roedd hon yn drydydd am y Gadair eleni.

Wel, mae'n rhaid rhoi'r 'bai' ar rywbeth on'd does?

Gwlad 'ferdd' a chantorion…

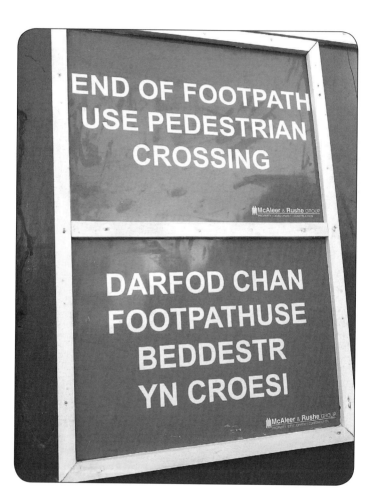

Fyddai Llywelyn yn troi yn ei 'feddestr'.

Gwaith peryg.

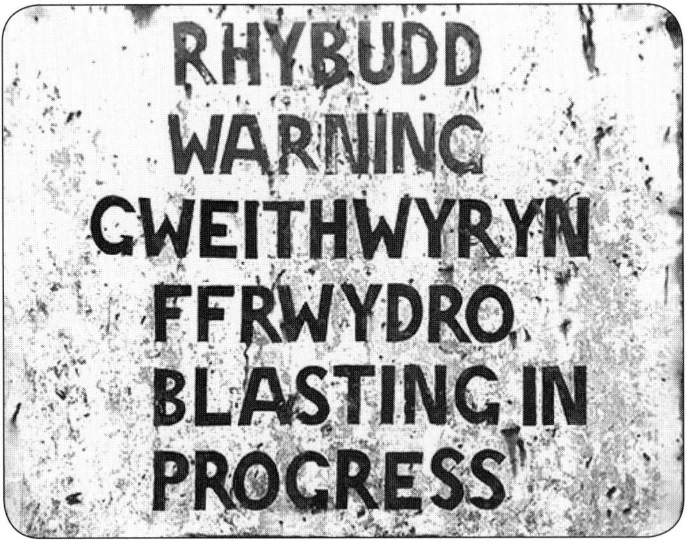

RHYBUDD
WARNING
GWEITHWYRYN
FFRWYDRO
BLASTING IN
PROGRESS

Hwn hefyd!

Rwy'n siŵr fod yna jôc am Henson yn fan hyn yn rhywle... (Ddo' i yn ôl atoch chi, ocê?)

Hudolus.

Talwych y ffi yn y swyddfa docynnau os gwelwch yndda

Rhesymol iawn fyddwn i'n dweud.

PEDESTRIANS
LOOK RIGHT
CERDDWYR
EDRYCHWCH
I'R CHWITH

Ac wedyn edrychwch am ambiwlans.

Ocê, dydi o ddim yn gwneud synnwyr o
unrhyw fath ond mae'n rhaid i chi gyfaddef
ei fod o'n eithaf barddonol…

Gwell na mynd i fewn?

Mae wastad yn 'wyntog' fan hyn.

Rhy hwyr codi pais ar ôl pasio.

Ddaeth i ben Eglwys St
am ddiwrnod 30/08/2011
Church St closed for one day 30/08/2011

NID OES GAN YR AELODAU CHYHOEDDUS CANIATÂD I FYND A WASTRAFF TRWY'R GIÂT YMA

Dim Mopedau
Beiciau modur dan 50cc
Cerbydau methedig
Anifeiliad
Gwydr-D (ac eithrio HGV)

No Mopeds
Motorcycles under 50cc
Invalid carriages
Animals
L drivers (except HGV)

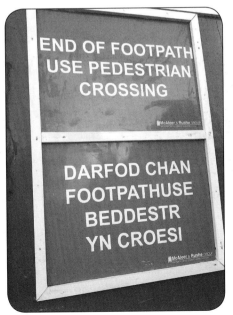

END OF FOOTPATH
USE PEDESTRIAN
CROSSING

McAleer & Rushe GROUP

DARFOD CHAN
FOOTPATHUSE
BEDDESTR
YN CROESI

McAleer & Rushe GROUP

OPENING HOURS
ORIAU AGOR
Monday - Friday
Dydd Liun - Dydd Gwener
7.00am - 9.00pm
Saturday
Dydd Sadwrn
8.00 - 8.00
Sunday
Dydd Sul
10.00am - 4.00pm
Always open at www.diy.com

Dydd Liun… llai diflas na Dydd Llun?

POST BRENMINOL

LLANDUDNO

ORIAU AGORIADOL

LLUN I GWENER

08:00 I 14:00

AG ETO AM 16:30 I 17:30

SADWRN 07:00 I 12:00

Gwasanaeth 'dynminol'?
Anfonwch eich atebion ar gerdyn post.

Dim Gyrwyr-D (ac eithrio HGV)
Beiciau modur dan 50cc, Mopedau
Cerbyda'r meddedig ac Anifeliad

MᶜNICHOLAS
CONSTRUCTION SERVICES LIMITED

YMDDIHEURWN AM UNRHYW ANGYFLEUSTRAU
A ACHOSIR YN ŶSTOD Y GWAITH HANFŌDOL
HWN RHIF FFRÔN BRYS

**Canol
BADMINTON
Centre**

Ie, *shuttlecocks* i chithau hefyd.

LITHRFA'R IMPERIAL

DIM OND AR GYFER   ANSIO CYCHOD
A DOD A HW   'R LAN Y CEIR
DEFNYDDIO'R LLITHRFA HON

AWDURDOD YR HARBWR

PERYGL

GWYTHIWCH YR ARWYNEB
LLITHRIG PAN YW'N WLYB.
NI CHANIATEIR I BLANT DDOD
AR Y LANFA HON AR EU
PENNAU'R HUNAIN

DANGER
THIN ICE

PERYGL
LA TENAU

AR WERTH TRWY DENOR ANFFURIOL

FOR SALE BY INFORMAL TENDER

74 Conway Road, Bae Colwyn.

Eiddo swyddfa sengl tua 303.54 metr sgwâr, dros 4 llawr, lle parcio oddi ar y ffordd a dau lawr storio.
Dyddiad Cau 26 Chwefror 2009.
I gael rhagor o wybodaeth ac i gael y Dogfennau Tendro ffoniwch Cyngor Bwrdeistref Sirol Conwy ar 01492 574270

74 Conway Road, Colwyn Bay.

Detached office premises comprising approx 303.54 sq m, over 4 floors, off road parking and two storey stores.
Closing date 26th February 2009
For further information and to obtain Tender Documents please contact –Conwy County Borough Council on 01492 574270

Pavaro-tŷ?

Arddangosfa i eithafwyr yn unig?

GRASS ONLY

GWYDR YN
UNIG

Camgymeriad poenus. Os ydych chi'n fuwch.

I fod yn **deg** dydw i ddim
yn hollol siŵr a fyddai 'deg troedfedd' wedi ffitio ar draws y dry

Oes **gan** dwll fan geni?
Efallai y byddai'r twrch daear yn gwybod…

Cofiwch am y pantomeim eleni. *Mother Goods.*

Y??

Mae'r llythyren 'b' yna yn bwysig iawn weithiau.

Y tsimpansîs wedi bod wrthi eto.

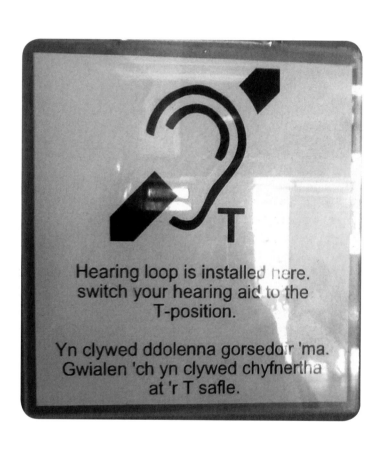

Hearing loop is installed here.
switch your hearing aid to the
T-position.

Yn clywed ddolenna gorsedoır 'ma.
Gwialen 'ch yn clywed chyfnertha
at 'r T safle.

SCREWFIX.
BANGOR

To celebrate our OPENING WEEKEND, we're bursting with bargains and great deals. Screwfix is the UK's largest supplier of screws, fixings and tools.

At dathla'n yn agor benwythnos, ni re yn ymrwygo ag bargenion a'n fawr drafodaethau. Screwfix ydy'r Uk's 'n fwyaf supplier chan hysgriwiau, fixings a celfi.

Wel, maen nhw wedi
sgriwio'r Gymraeg beth bynnag.

Haleliwia!

Welsh heading in here please Edwina, right across

[Newspaper advertisement within clipping:]

SPOONER'S
CAFÉ & BAR

OPEN FOR FOOD
7 DAYS A WEEK
9.00 - 20.45

Ble oedd Edwina sgwn i?

CONWY
CYNGOR BWRDEISTREF SIROL
COUNTY BOROUGH COUNCIL

AILGYLCHU GWASTRAFF MASNACHOL

PLASTIG YN UNIG

I ofyn am ragor o sachau ffoniwch Gyngor Bwrdeistref
Siriol Conwy.

Rhif ffôn 01492 575337

Hapus iawn i wneud.

Mae'r adar yma yn eithaf nerfus.

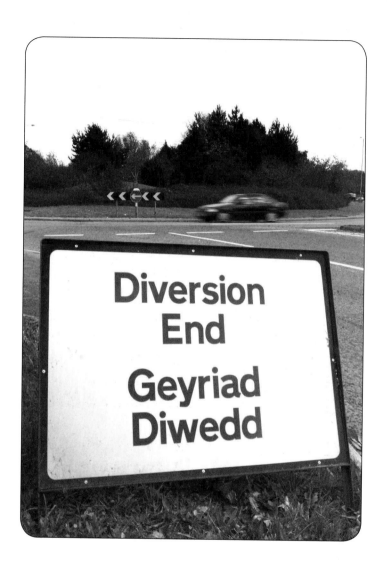

Hoffai'r cyhoeddwyr gydnabod eu diolch i'r canlynol am yr hawl i ddefnyddio eu lluniau:

Beca Brown
Craig Colville
Nic Dafis
Eifion Davies
Sian Davies
Elwyn Edwards
Hywel Emrys
R Alun Evans
Huw Garan
Cylchgrawn *Golwg*
Angharad Mai Jones
Diana Jones
Marc Jones
Sion Jones
Stephen Lansdown
Dylan Lewis
Dai Lloyd
Owain Meurig
Delyth G Morgans

Keith Morris
Karen Owen
Nia Peris
Gareth Pritchard
Gruffudd Roberts
John Roberts
Stuart Ross
Caryl Owen Rourke
Dewi Sion
Sionyn2011
Barry Taylor
Alan Thomas
Meleri Thomas
Rees Thomas
Brenda Williams
Cen Williams
Dafydd Williams
Geraint Williams

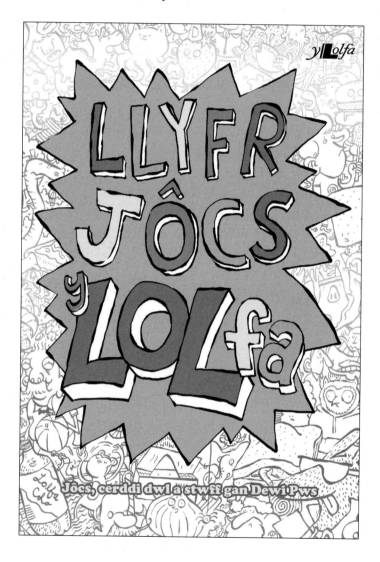

CYFRES **TI'N JOCAN**

Am restr gyflawn o lyfrau'r Lolfa, mynnwch
gopi am ddim o'n catalog
neu hwyliwch i mewn i'n gwefan

www.ylolfa.com

lle gallwch archebu llyfrau ar-lein.

TALYBONT CEREDIGION CYMRU SY24 5HE
ebost ylolfa@ylolfa.com
gwefan www.ylolfa.com
ffôn 01970 832 304
ffacs 832 782